TRANZLATY

השפה מיועדת לכולם

Language is for everyone

והחיה היפה

Beauty and the Beast

Gabrielle-Suzanne Barbot de Villeneuve

עִבְרִית / English

Copyright © 2025 Tranzlaty
All rights reserved
Published by Tranzlaty
ISBN: 978-1-83566-998-3
Original text by Gabrielle-Suzanne Barbot de Villeneuve
La Belle et la Bête
First published in French in 1740
Taken from The Blue Fairy Book (Andrew Lang)
Illustration by Walter Crane
www.tranzlaty.com

פעם היה סוחר עשיר
There was once a rich merchant

לסוחר העשיר הזה היו שישה ילדים
this rich merchant had six children

היו לו שלושה בנים ושלוש בנות
he had three sons and three daughters

הוא לא חסך בעלות עבור החינוך שלהם
he spared no cost for their education

כי הוא היה אדם בעל הגיון
because he was a man of sense

אבל הוא נתן לילדיו משרתים רבים
but he gave his children many servants

הבנות שלו היו יפות במיוחד
his daughters were extremely pretty

ובתו הצעירה הייתה יפה במיוחד
and his youngest daughter was especially pretty

בילדותה היופי שלה כבר זכה להערצה
as a child her Beauty was already admired

ויקרא לה העם ביופיה
and the people called her by her Beauty

יופיה לא דעך ככל שהתבגרה
her Beauty did not fade as she got older

אז האנשים המשיכו לקרוא לה לפי יופיה
so the people kept calling her by her Beauty

זה גרם לאחיותיה לקנא מאוד
this made her sisters very jealous

לשתי הבנות הגדולות הייתה מידה רבה של גאווה
the two eldest daughters had a great deal of pride

עושרם היה מקור הגאווה שלהם
their wealth was the source of their pride

והם גם לא הסתירו את גאוותם
and they didn't hide their pride either

הם לא ביקרו את בנותיהם של סוחרים אחרים
they did not visit other merchants' daughters

כי הם נפגשים רק עם אריסטוקרטיה
because they only meet with aristocracy

הם יצאו כל יום למסיבות
they went out every day to parties

נשפים, הצגות, קונצרטים וכדומה

balls, plays, concerts, and so forth

והם צחקו על אחותם הצעירה

and they laughed at their youngest sister

כי היא בילתה את רוב זמנה בקריאה

because she spent most of her time reading

זה היה ידוע שהם עשירים

it was well known that they were wealthy

אז כמה סוחרים בולטים ביקשו את ידם

so several eminent merchants asked for their hand

אבל הם אמרו שהם לא הולכים להתחתן

but they said they were not going to marry

אבל הם היו מוכנים לעשות כמה חריגים

but they were prepared to make some exceptions

"אולי אוכל להתחתן עם דוכס"

"perhaps I could marry a Duke"

"אני מניח שאוכל להתחתן עם רוזן"

"I guess I could marry an Earl"

יופי הודתה באדיבות רבה לאלה שהציעו לה נישואים

Beauty very civilly thanked those that proposed to her

היא אמרה להם שהיא עדיין צעירה מכדי להתחתן

she told them she was still too young to marry

היא רצתה להישאר עוד כמה שנים עם אביה

she wanted to stay a few more years with her father

בבת אחת איבד הסוחר את הונו

All at once the merchant lost his fortune

הוא איבד הכל מלבד בית כפרי קטן

he lost everything apart from a small country house

ויאמר לילדיו בעיניים דמעות:

and he told his children with tears in his eyes:

"אנחנו חייבים ללכת לכפר"

"we must go to the countryside"

"ועלינו לעבוד למחייתנו"

"and we must work for our living"

שתי הבנות הגדולות לא רצו לעזוב את העיר

the two eldest daughters didn't want to leave the town

היו להם כמה אוהבים בעיר

they had several lovers in the city

והם היו בטוחים שאחד ממאהביהם יתחתן איתם

and they were sure one of their lovers would marry them
הם חשבו שהמאהבים שלהם יתחתנו איתם גם בלי הון
they thought their lovers would marry them even with no fortune

אבל הגברות הטובות טעו
but the good ladies were mistaken

האוהבים שלהם נטשו אותם מהר מאוד
their lovers abandoned them very quickly

כי לא היה להם יותר הון
because they had no fortunes any more

זה הראה שהם לא ממש אהבו
this showed they were not actually well liked

כולם אמרו שלא מגיע להם שירחמו עליהם
everybody said they do not deserve to be pitied

"אנחנו שמחים לראות את גאוותם מושפלת"
"we are glad to see their pride humbled"

"תנו להם להיות גאים בחליבת פרות"
"let them be proud of milking cows"

אבל הם דאגו ליופי
but they were concerned for Beauty

היא הייתה יצור כל כך מתוק
she was such a sweet creature

היא דיברה כל כך בחביבות לאנשים עניים
she spoke so kindly to poor people

והיא הייתה בעלת אופי תמים כל כך
and she was of such an innocent nature

כמה ג'נטלמנים היו מתחתנים איתה
Several gentlemen would have married her

הם היו מתחתנים איתה למרות שהיא הייתה ענייה
they would have married her even though she was poor

אבל היא אמרה להם שהיא לא יכולה להתחתן איתם
but she told them she couldn't marry them

כי היא לא תעזוב את אביה
because she would not leave her father

היא הייתה נחושה ללכת איתו לכפר
she was determined to go with him to the countryside

כדי שתוכל לנחם ולעזור לו
so that she could comfort and help him

היופי המסכן היה צער מאוד בהתחלה
Poor Beauty was very grieved at first

היא התאבלה על אובדן הונה
she was grieved by the loss of her fortune

"אבל בכי לא ישנה את מזלי"
"but crying won't change my fortunes"

"אני חייב לנסות לשמח את עצמי בלי עושר"
"I must try to make myself happy without wealth"

הם הגיעו לביתם הכפרי
they came to their country house

והסוחר ושלושת בניו התעסקו בבעלות
and the merchant and his three sons applied themselves to husbandry

היופי עלה בארבע לפנות בוקר
Beauty rose at four in the morning

והיא מיהרה לנקות את הבית
and she hurried to clean the house

והיא דאגה שארוחת הערב תהיה מוכנה
and she made sure dinner was ready

בהתחלה היא מצאה את חייה החדשים קשים מאוד
in the beginning she found her new life very difficult

כי היא לא הייתה רגילה לעבודה כזו
because she had not been used to such work

אבל תוך פחות מחודשיים היא התחזקה
but in less than two months she grew stronger

והיא הייתה בריאה יותר מאי פעם
and she was healthier than ever before

אחרי שסיימה את עבודתה היא קראה
after she had done her work she read

היא ניגנה בצ'מבלו
she played on the harpsichord

או שהיא שרה בזמן שהיא סובבה משי
or she sung whilst she spun silk

להיפך, שתי אחיותיה לא ידעו איך לבלות את זמנן
on the contrary, her two sisters did not know how to spend their time

הם קמו בעשר ולא עשו דבר מלבד להתעצל כל היום
they got up at ten and did nothing but laze about all day

הם קוננו על אובדן בגדיהם המשובחים
they lamented the loss of their fine clothes

והם התלוננו על איבוד מכריהם
and they complained about losing their acquaintances

"תסתכל על אחותנו הצעירה," הם אמרו זה לזה
"Have a look at our youngest sister," they said to each other

"איזה יצור מסכן וטיפש היא"
"what a poor and stupid creature she is"

"זה כואב להסתפק בכל כך מעט"
"it is mean to be content with so little"

הסוחר החביב היה בדעה אחרת לגמרי
the kind merchant was of quite a different opinion

הוא ידע היטב שהיופי עלה על אחיותיה
he knew very well that Beauty outshone her sisters

היא עלתה עליהם באופי וגם בנפש
she outshone them in character as well as mind

הוא העריץ את הענווה שלה ואת עבודתה הקשה
he admired her humility and her hard work

אבל יותר מכל הוא העריץ את סבלנותה
but most of all he admired her patience

אחיותיה השאירו לה את כל העבודה לעשות
her sisters left her all the work to do

והם העליבו אותה בכל רגע
and they insulted her every moment

המשפחה חיה כך במשך כשנה
The family had lived like this for about a year

ואז הסוחר קיבל מכתב מרואה חשבון
then the merchant got a letter from an accountant

הייתה לו השקעה בספינה
he had an investment in a ship

והספינה הגיעה בשלום
and the ship had safely arrived

החדשות שלו הפכו את ראשן של שתי הבנות הגדולות
this news turned the heads of the two eldest daughters

מיד היו להם תקוות לחזור לעיר
they immediately had hopes of returning to town

כי הם היו די עייפים מחיי הכפר
because they were quite weary of country life

הם הלכו אל אביהם כשהוא עזב
they went to their father as he was leaving
הם הפצירו בו שיקנה להם בגדים חדשים
they begged him to buy them new clothes
שמלות, סרטים וכל מיני דברים קטנים
dresses, ribbons, and all sorts of little things
אבל היופי לא ביקש כלום
but Beauty asked for nothing
כי היא חשבה שהכסף לא יספיק
because she thought the money wasn't going to be enough
לא יספיק לקנות את כל מה שאחיותיה רצו
there wouldn't be enough to buy everything her sisters wanted
"מה היית רוצה, יופי?" שאל אביה
"What would you like, Beauty?" asked her father
"תודה לך, אבא, על הטוב לחשוב עלי," היא אמרה
"thank you, father, for the goodness to think of me," she said
"אבא, היה כל כך נחמד להביא לי ורד"
"father, be so kind as to bring me a rose"
"כי לא צומחים כאן ורדים בגינה"
"because no roses grow here in the garden"
"וורדים הם סוג של נדירות"
"and roses are a kind of rarity"
ליופי לא ממש אכפת מוורדים
Beauty didn't really care for roses
היא רק ביקשה משהו כדי לא לגנות את אחיותיה
she only asked for something not to condemn her sisters
אבל אחיותיה חשבו שהיא ביקשה ורדים מסיבות אחרות
but her sisters thought she asked for roses for other reasons
"היא עשתה את זה רק כדי להיראות ספציפית"
"she did it just to look particular"
האיש החביב יצא למסעו
The kind man went on his journey
אבל כשהוא הגיע הם התווכחו על הסחורה
but when he arrived they argued about the merchandise
ואחרי הרבה צרות חזר עני כמו קודם
and after a lot of trouble he came back as poor as before
הוא היה בתוך כמה שעות מהבית שלו

he was within a couple of hours of his own house

והוא כבר דמיין את השמחה לראות את ילדיו

and he already imagined the joy of seeing his children

אבל כשעבר ביער הוא הלך לאיבוד

but when going through forest he got lost

ירד גשם וירד שלג נורא

it rained and snowed terribly

הרוח הייתה כל כך חזקה שהפילה אותו מסוסו

the wind was so strong it threw him off his horse

והלילה הגיע במהירות

and night was coming quickly

הוא התחיל לחשוב שהוא עלול לגווע ברעב

he began to think that he might starve

והוא חשב שהוא עלול לקפוא למוות

and he thought that he might freeze to death

והוא חשב שזאבים יכולים לאכול אותו

and he thought wolves may eat him

הזאבים ששמע מייללים סביבו

the wolves that he heard howling all round him

אבל פתאום הוא ראה אור

but all of a sudden he saw a light

הוא ראה את האור מרחוק מבעד לעצים

he saw the light at a distance through the trees

כשהתקרב הוא ראה שהאור הוא ארמון

when he got closer he saw the light was a palace

הארמון היה מואר מלמעלה למטה

the palace was illuminated from top to bottom

הסוחר הודה לאלוהים על מזלו

the merchant thanked God for his luck

והוא מיהר אל הארמון

and he hurried to the palace

אבל הוא הופתע שלא ראה אנשים בארמון

but he was surprised to see no people in the palace

חצר בית המשפט הייתה ריקה לגמרי

the court yard was completely empty

ולא היה סימן חיים בשום מקום

and there was no sign of life anywhere

הסוס שלו הלך אחריו לתוך הארמון

his horse followed him into the palace

ואז הסוס שלו מצא אורווה גדולה
and then his horse found large stable
החיה המסכנה הייתה כמעט רעב
the poor animal was almost famished
אז הסוס שלו נכנס למצוא חציר ושיבולת שועל
so his horse went in to find hay and oats
למרבה המזל הוא מצא הרבה מה לאכול
fortunately he found plenty to eat
והסוחר קשר את סוסו לאבוס
and the merchant tied his horse up to the manger
כשהלך לעבר הבית לא ראה איש
walking towards the house he saw no one
אבל באולם גדול מצא אש טובה
but in a large hall he found a good fire
ומצא שולחן ערוך לאחד
and he found a table set for one
הוא היה רטוב מהגשם והשלג
he was wet from the rain and snow
אז הוא התקרב למדורה להתייבש
so he went near the fire to dry himself
"אני מקווה שאדון הבית יסלח לי"
"I hope the master of the house will excuse me"
"אני מניח שלא ייקח הרבה זמן עד שמישהו יופיע"
"I suppose it won't take long for someone to appear"
הוא חיכה זמן לא מבוטל
He waited a considerable time
הוא חיכה עד שהכה אחת עשרה, ועדיין איש לא הגיע
he waited until it struck eleven, and still nobody came
לבסוף הוא היה כל כך רעב שלא יכול היה לחכות יותר
at last he was so hungry that he could wait no longer
הוא לקח קצת עוף ואכל אותו בשתי פיות
he took some chicken and ate it in two mouthfuls
הוא רעד בזמן שאכל את האוכל
he was trembling while eating the food
אחרי זה שתה כמה כוסות יין
after this he drank a few glasses of wine
הוא הפך לאמיץ יותר והוא יצא מהאולם
growing more courageous he went out of the hall

והוא חצה כמה אולמות מפוארים
and he crossed through several grand halls
הוא הלך דרך הארמון עד שנכנס לחדר
he walked through the palace until he came into a chamber
חדר שהיה בו מיטה טובה מאוד
a chamber which had an exceeding good bed in it
הוא היה עייף מאוד מהניסיון שלו
he was very much fatigued from his ordeal
והשעה כבר עברה אחרי חצות
and the time was already past midnight
אז הוא החליט שעדיף לסגור את הדלת
so he decided it was best to shut the door
והוא הסיק שעליו ללכת לישן
and he concluded he should go to bed
השעה הייתה עשר בבוקר כשהתעורר הסוחר
It was ten in the morning when the merchant woke up
בדיוק כשהוא עמד לקום הוא ראה משהו
just as he was going to rise he saw something
הוא נדהם לראות סט בגדים נקי
he was astonished to see a clean set of clothes
במקום שבו השאיר את בגדיו המלוכלכים
in the place where he had left his dirty clothes
"אין ספק שהארמון הזה שייך לאיזו פיה"
"certainly this palace belongs to some kind fairy"
" פיה שראתה וריחמה עלי"
"a fairy who has seen and pitied me"
הוא הביט דרך חלון
he looked through a window
אבל במקום שלג הוא ראה את הגן המענג ביותר
but instead of snow he saw the most delightful garden
ובגן היו הוורדים היפים ביותר
and in the garden were the most beautiful roses
לאחר מכן חזר לאולם הגדול
he then returned to the great hall
האולם שבו אכל מרק בלילה הקודם
the hall where he had had soup the night before
והוא מצא קצת שוקולד על שולחן קטן
and he found some chocolate on a little table

"תודה, גברתי פיה הטובה," הוא אמר בקול
"Thank you, good Madam Fairy," he said aloud

"תודה שאתה כל כך אכפתי"
"thank you for being so caring"

"אני מאוד מחויב לך על כל טובותיך"
"I am extremely obliged to you for all your favours"

האיש החביב שתה את השוקולד שלו
the kind man drank his chocolate

ואז הוא הלך לחפש את הסוס שלו
and then he went to look for his horse

אבל בגן הוא נזכר בבקשת היופי
but in the garden he remembered Beauty's request

והוא כרת ענף של שושנים
and he cut off a branch of roses

מיד שמע רעש גדול
immediately he heard a great noise

והוא ראה חיה נוראית
and he saw a terribly frightful Beast

הוא כל כך פחד שהוא היה מוכן להתעלף
he was so scared that he was ready to faint

"אתה כפוי טובה מאוד," אמרה לו החיה
"You are very ungrateful," said the Beast to him

והחיה דברה בקול נורא
and the Beast spoke in a terrible voice

"הצלתי את חייך בכך שהרשיתי לך להיכנס לטירה שלי"
"I have saved your life by allowing you into my castle"

"ובשביל זה אתה גונב את הוורדים שלי בתמורה?"
"and for this you steal my roses in return?"

"הוורדים שאני מעריך מעבר לכל דבר"
"The roses which I value beyond anything"

"אבל אתה תמות על מה שעשית"
"but you shall die for what you've done"

"אני נותן לך רק רבע שעה להכין את עצמך"
"I give you but a quarter of an hour to prepare yourself"

"תתכונן למוות ותגיד את תפילותיך"
"get yourself ready for death and say your prayers"

הסוחר נפל על ברכיו

the merchant fell on his knees
והוא הרים את שתי ידיו
and he lifted up both his hands

"אדוני, אני מתחנן שתסלח לי"
"My lord, I beseech you to forgive me"

"לא הייתה לי כוונה להעליב אותך"
"I had no intention of offending you"

"אספתי ורד לאחת מבנותיי"
"I gathered a rose for one of my daughters"

"היא ביקשה ממני להביא לה ורד"
"she asked me to bring her a rose"

"אני לא אדונך, אבל אני בהמה", ענתה המפלצת
"I am not your lord, but I am a Beast," replied the monster

"אני לא אוהב מחמאות"
"I don't love compliments"

"אני אוהב אנשים שמדברים כמו שהם חושבים"
"I like people who speak as they think"

"אל תדמיין שאני יכול להתרגש מחנופה"
"do not imagine I can be moved by flattery"

"אבל אתה אומר שיש לך בנות"
"But you say you have got daughters"

"אסלח לך בתנאי אחד"
"I will forgive you on one condition"

"אחת מבנותיך חייבת לבוא לארמון שלי ברצון"
"one of your daughters must come to my palace willingly"

"והיא חייבת לסבול בשבילך"
"and she must suffer for you"

"תן לי לומר את המילה שלך"
"Let me have your word"

"ואז אתה יכול להתעסק בעניינים שלך"
"and then you can go about your business"

"תבטיח לי את זה:"
"Promise me this:"

"אם בתך מסרבת למות עבורך, עליך לחזור תוך שלושה חודשים"
"if your daughter refuses to die for you, you must return within three months"

לסוחר לא היו כוונות להקריב את בנותיו
the merchant had no intentions to sacrifice his daughters
אבל, מכיוון שניתן לו זמן, הוא רצה לראות את בנותיו פעם נוספת
but, since he was given time, he wanted to see his daughters once more
אז הוא הבטיח שיחזור
so he promised he would return
ותאמר לו הבהמה שיצא לדרך כשירצה
and the Beast told him he might set out when he pleased
והחיה אמרה לו עוד דבר אחד
and the Beast told him one more thing
"לא תצא בידיים ריקות"
"you shall not depart empty handed"
"חזור לחדר שבו שכבת"
"go back to the room where you lay"
"אתה תראה תיבת אוצר ריקה גדולה"
"you will see a great empty treasure chest"
"מלא את תיבת האוצר במה שאתה הכי אוהב"
"fill the treasure chest with whatever you like best"
"ואני אשלח את תיבת האוצר לביתך"
"and I will send the treasure chest to your home"
ובאותו זמן נסוגה החיה
and at the same time the Beast withdrew
"טוב," אמר האיש הטוב לעצמו
"Well," said the good man to himself
"אם אצטרך למות, לפחות אשאיר משהו לילדים שלי"
"if I must die, I shall at least leave something to my children"
אז הוא חזר לחדר המיטה
so he returned to the bedchamber
והוא מצא הרבה מאוד חתיכות זהב
and he found a great many pieces of gold
הוא מילא את תיבת האוצר שהחיה הזכירה
he filled the treasure chest the Beast had mentioned
והוא הוציא את סוסו מהאורווה
and he took his horse out of the stable
השמחה שחש כשנכנס לארמון הייתה שווה כעת לצער שחש ביציאה ממנו

the joy he felt when entering the palace was now equal to the grief he felt leaving it

הסוס לקח את אחת מדרכי היער

the horse took one of the roads of the forest

ותוך כמה שעות האיש הטוב היה בבית

and in a few hours the good man was home

הילדים שלו באו אליו

his children came to him

אבל במקום לקבל את חיבוקיהם בהנאה, הוא הביט בהם

but instead of receiving their embraces with pleasure, he looked at them

הוא הרים את הענף שהיה בידיו

he held up the branch he had in his hands

ואז הוא פרץ בבכי

and then he burst into tears

"יופי," הוא אמר, "בבקשה קח את הוורדים האלה"

"Beauty," he said, "please take these roses"

"אתה לא יכול לדעת כמה יקרו הוורדים האלה"

"you can't know how costly these roses have been"

"הוורדים האלה עלו לאביך בחייו"

"these roses have cost your father his life"

ואז הוא סיפר על ההרפתקה הקטלנית שלו

and then he told of his fatal adventure

מיד צעקו שתי האחיות הגדולות

immediately the two eldest sisters cried out

והם אמרו הרבה דברים רעים לאחותם היפה

and they said many mean things to their beautiful sister

אבל היופי לא בכה בכלל

but Beauty did not cry at all

"תראה את הגאווה של העלוב הקטן הזה," אמרו

"Look at the pride of that little wretch," said they

"היא לא ביקשה בגדים משובחים"

"she did not ask for fine clothes"

"היא הייתה צריכה לעשות מה שעשינו"

"she should have done what we did"

"היא רצתה להבדיל את עצמה"

"she wanted to distinguish herself"

"אז עכשיו היא תהיה מות אבינו"
"so now she will be the death of our father"
"ואף על פי כן היא לא מזילה דמעה"
"and yet she does not shed a tear"
"למה לי לבכות?" ענה יופי
"Why should I cry?" answered Beauty
"לבכות יהיה מיותר מאוד"
"crying would be very needless"
"אבא שלי לא יסבול בשבילי"
"my father will not suffer for me"
"המפלצת תקבל את אחת מבנותיו"
"the monster will accept of one of his daughters"
"אקריב את עצמי לכל חמתו"
"I will offer myself up to all his fury"
"אני שמח מאוד, כי מותי יציל את חייו של אבי"
"I am very happy, because my death will save my father's life"
"מותי יהיה הוכחה לאהבתי"
"my death will be a proof of my love"
"לא, אחות," אמרו שלושת אחיה
"No, sister," said her three brothers
"זה לא יהיה"
"that shall not be"
"נלך למצוא את המפלצת"
"we will go find the monster"
"ואו שנהרוג אותו..."
"and either we will kill him..."
"... או שנאבד בניסיון"
"... or we will perish in the attempt"
"אל תדמיינו דבר כזה, בני," אמר הסוחר
"Do not imagine any such thing, my sons," said the merchant
"כוחה של החיה כל כך גדול שאין לי תקווה שתוכל להתגבר עליו"
"the Beast's power is so great that I have no hope you could overcome him"
"אני מוקסם מההצעה האדיבה והנדיבה של היופי"
"I am charmed with Beauty's kind and generous offer"

"אבל אני לא יכול לקבל את הנדיבות שלה"
"but I cannot accept to her generosity"
"אני זקן, ואין לי הרבה זמן לחיות"
"I am old, and I don't have long to live"
"אז אני יכול להפסיד רק כמה שנים"
"so I can only loose a few years"
"זמן שאני מתחרט בשבילכם, ילדים יקרים שלי"
"time which I regret for you, my dear children"
"אבל אבא," אמרה יופי
"But father," said Beauty
"לא תלך לארמון בלעדיי"
"you shall not go to the palace without me"
"אתה לא יכול למנוע ממני לעקוב אחריך"
"you cannot stop me from following you"
שום דבר לא יכול לשכנע את היופי אחרת
nothing could convince Beauty otherwise
היא התעקשה ללכת לארמון המשובח
she insisted on going to the fine palace
ואחיותיה שמחו על התעקשותה
and her sisters were delighted at her insistence
הסוחר היה מודאג מהמחשבה לאבד את בתו
The merchant was worried at the thought of losing his daughter
הוא היה כל כך מודאג ששכח מהחזה המלא בזהב
he was so worried that he had forgotten about the chest full of gold
בלילה פרש למנוחה, וסגר את דלת חדרו
at night he retired to rest, and he shut his chamber door
ואז, לתדהמתו הגדולה, הוא מצא את האוצר ליד מיטתו
then, to his great astonishment, he found the treasure by his bedside
הוא היה נחוש לא לספר לילדיו
he was determined not to tell his children
אילו ידעו, הם היו רוצים לחזור לעיר
if they knew, they would have wanted to return to town
והוא נחוש בדעתו לא לעזוב את הכפר
and he was resolved not to leave the countryside

אבל הוא בטח ביופי עם הסוד
but he trusted Beauty with the secret

היא הודיעה לו שבאו שני אדונים
she informed him that two gentlemen had came

והציעו הצעות לאחיותיה
and they made proposals to her sisters

היא התחננה בפני אביה שיסכים לנישואיהם
she begged her father to consent to their marriage

והיא ביקשה ממנו לתת להם מהונו
and she asked him to give them some of his fortune

היא כבר סלחה להם
she had already forgiven them

היצורים הרשעים שפכו את עיניהם בבצל
the wicked creatures rubbed their eyes with onions

לאלץ כמה דמעות כשהם נפרדו מאחותם
to force some tears when they parted with their sister

אבל האחים שלה באמת היו מודאגים
but her brothers really were concerned

היופי היה היחיד שלא הזיל דמעות
Beauty was the only one who did not shed any tears

היא לא רצתה להגביר את אי הנוחות שלהם
she did not want to increase their uneasiness

הסוס לקח את הדרך הישירה אל הארמון
the horse took the direct road to the palace

ולקראת ערב ראו את הארמון המואר
and towards evening they saw the illuminated palace

הסוס לקח את עצמו שוב לאורווה
the horse took himself into the stable again

והאיש הטוב ובתו נכנסו לאולם הגדול
and the good man and his daughter went into the great hall

כאן הם מצאו שולחן מוגש להפליא
here they found a table splendidly served up

לסוחר לא היה תיאבון לאכול
the merchant had no appetite to eat

אבל היופי השתדל להיראות עליז
but Beauty endeavoured to appear cheerful

היא התיישבה ליד השולחן ועזרה לאביה
she sat down at the table and helped her father

אבל היא גם חשבה לעצמה:

- 16 -

but she also thought to herself:
"בהמה בוודאי רוצה להשמין אותי לפני שהיא אוכלת אותי"
"Beast surely wants to fatten me before he eats me"
"בגלל זה הוא מספק בידור בשפע"
"that is why he provides such plentiful entertainment"
לאחר שאכלו שמעו רעש גדול
after they had eaten they heard a great noise
והסוחר נפרד מילדו האומלל, עם דמעות בעיניו
and the merchant bid his unfortunate child farewell, with tears in his eyes
כי הוא ידע שהחיה באה
because he knew the Beast was coming
היופי היה מבועת מצורתו הנוראה
Beauty was terrified at his horrid form
אבל היא אזרה אומץ ככל יכולתה
but she took courage as well as she could
והמפלצת שאלה אותה אם היא באה ברצון
and the monster asked her if she came willingly
"כן, באתי מרצון," היא אמרה רועדת
"yes, I have come willingly," she said trembling
החיה הגיבה, "אתה טוב מאוד"
the Beast responded, "You are very good"
"ואני מאוד מחויב לך, איש ישר"
"and I am greatly obliged to you; honest man"
"לך בדרכך מחר בבוקר"
"go your ways tomorrow morning"
"אבל לעולם אל תחשוב לבוא לכאן שוב"
"but never think of coming here again"
"פרידה יופי, חיית פרידה," הוא ענה
"Farewell Beauty, farewell Beast," he answered
ומיד נסוגה המפלצת
and immediately the monster withdrew
"הו, בת," אמר הסוחר
"Oh, daughter," said the merchant
והוא חיבק את בתו פעם נוספת
and he embraced his daughter once more
"אני כמעט מפחד פחד מוות"

"I am almost frightened to death"

"תאמין לי, עדיף שתחזור"

"believe me, you had better go back"

"תן לי להישאר כאן, במקומך"

"let me stay here, instead of you"

"לא, אבא," אמר יופי, בנימה נחרצת

"No, father," said Beauty, in a resolute tone

"אתה תצא לדרך מחר בבוקר"

"you shall set out tomorrow morning"

"תשאיר אותי לטיפול והגנת ההשגחה"

"leave me to the care and protection of providence"

בכל זאת הם הלכו לישון

nonetheless they went to bed

הם חשבו שהם לא יעצמו את עיניהם כל הלילה

they thought they would not close their eyes all night

אבל בדיוק כשהם שכבו הם ישנו

but just as they lay down they slept

יופי חלם גברת יפה באה ואמרה לה:

Beauty dreamed a fine lady came and said to her:

"אני מרוצה, יופי, עם הרצון הטוב שלך"

"I am content, Beauty, with your good will"

"פעולה טובה זו שלך לא תעבור ללא תגמול"

"this good action of yours shall not go unrewarded"

היופי התעוררה וסיפרה לאביה את חלומה

Beauty waked and told her father her dream

החלום עזר לנחם אותו מעט

the dream helped to comfort him a little

אבל הוא לא יכול היה שלא לבכות במרירות כשהוא עוזב

but he could not help crying bitterly as he was leaving

ברגע שהלך, היופי התיישב באולם הגדול ובכה גם הוא

as soon as he was gone, Beauty sat down in the great hall and cried too

אבל היא החליטה לא להיות לא רגועה

but she resolved not to be uneasy

היא החליטה להיות חזקה במשך הזמן המועט שנותר לה לחיות

she decided to be strong for the little time she had left to live

כי היא האמינה בתוקף שהחיה תאכל אותה

because she firmly believed the Beast would eat her

עם זאת, היא חשבה שהיא עשויה גם לחקור את הארמון

however, she thought she might as well explore the palace

והיא רצתה לראות את הטירה המשובחת

and she wanted to view the fine castle

טירה שלא יכלה שלא להתפעל ממנה

a castle which she could not help admiring

זה היה ארמון נעים להפליא

it was a delightfully pleasant palace

והיא הופתעה מאוד כשראתה דלת

and she was extremely surprised at seeing a door

ומעל הדלת היה כתוב שזה החדר שלה

and over the door was written that it was her room

היא פתחה את הדלת בחיפזון

she opened the door hastily

והיא די הייתה מסונוורת מהפאר של החדר

and she was quite dazzled with the magnificence of the room

מה שמשך בעיקר את תשומת ליבה היה ספרייה גדולה

what chiefly took up her attention was a large library

צ'מבלו וכמה ספרי נגינה

a harpsichord and several music books

"טוב," אמרה לעצמה

"Well," said she to herself

"אני רואה שהחיה לא תיתן לזמן שלי להיות כבד"

"I see the Beast will not let my time hang heavy"

ואז היא הרהרה לעצמה על מצבה

then she reflected to herself about her situation

"אם הייתי אמור להישאר יום כל זה לא היה כאן"

"If I was meant to stay a day all this would not be here"

שיקול זה נתן לה השראה באומץ רענן

this consideration inspired her with fresh courage

והיא לקחה ספר מהספרייה החדשה שלה

and she took a book from her new library

והיא קראה את המילים האלה באותיות זהב:

and she read these words in golden letters:

"ברוך הבא יופי, הרחיק את הפחד"

"Welcome Beauty, banish fear"

"את המלכה והמאהבת כאן"

"You are queen and mistress here"

"אמר את משאלותיך, דבר את רצונך"

"Speak your wishes, speak your will"

"צייתנות מהירה עונה על משאלותיך כאן"

"Swift obedience meets your wishes here"

"אוי ואבוי," אמרה באנחה

"Alas," said she, with a sigh

"יותר מהכל אני רוצה לראות את אבי המסכן"

"Most of all I wish to see my poor father"

"והייתי רוצה לדעת מה הוא עושה"

"and I would like to know what he is doing"

ברגע שאמרה את זה היא הבחינה במראה

As soon as she had said this she noticed the mirror

לתדהמתה הגדולה ראתה את ביתה במראה

to her great amazement she saw her own home in the mirror

אביה הגיע מותש רגשית

her father arrived emotionally exhausted

אחיותיה הלכו לפגוש אותו

her sisters went to meet him

למרות ניסיונותיהם להיראות עצובים, שמחתם הייתה גלויה

despite their attempts to appear sorrowful, their joy was visible

כעבור רגע הכל נעלם

a moment later everything disappeared

וגם החששות של היופי נעלמו

and Beauty's apprehensions disappeared too

כי היא ידעה שהיא יכולה לסמוך על החיה

for she knew she could trust the Beast

בצהריים היא מצאה ארוחת ערב מוכנה

At noon she found dinner ready

היא התיישבה בעצמה ליד השולחן

she sat herself down at the table

והיא השתעשעה בקונצרט של מוזיקה

and she was entertained with a concert of music

למרות שהיא לא יכלה לראות אף אחד

although she couldn't see anybody

בלילה היא התיישבה שוב לארוחת ערב

at night she sat down for supper again

הפעם היא שמעה את הרעש שהשמיעה החיה
this time she heard the noise the Beast made
והיא לא יכלה שלא להיות מבועתת
and she could not help being terrified
"יופי," אמרה המפלצת
"Beauty," said the monster
"אתה מרשה לי לאכול איתך?"
"do you allow me to eat with you?"
"עשה כרצונך," ענתה היופי רועדת
"do as you please," Beauty answered trembling
"לא," ענתה החיה
"No," replied the Beast
"את לבד היא פילגש כאן"
"you alone are mistress here"
"אתה יכול לשלוח אותי אם אני מטריד"
"you can send me away if I'm troublesome"
"שלח אותי משם ואני מיד אחזור בו"
"send me away and I will immediately withdraw"
"אבל, תגיד לי, אתה לא חושב שאני מאוד מכוער?"
"But, tell me; do you not think I am very ugly?"
"זה נכון," אמרה יופי
"That is true," said Beauty
"אני לא יכול לשקר"
"I cannot tell a lie"
"אבל אני מאמין שאתה טוב מאוד"
"but I believe you are very good natured"
"אני באמת," אמרה המפלצת
"I am indeed," said the monster
"אבל חוץ מהכיעור שלי, גם אין לי שכל"
"But apart from my ugliness, I also have no sense"
"אני יודע טוב מאוד שאני יצור טיפשי"
"I know very well that I am a silly creature"
"אין זה סימן לאיוולתם לחשוב כך," ענה יופי
"It is no sign of folly to think so," replied Beauty
"אז תאכלי, יופי," אמרה המפלצת
"Eat then, Beauty," said the monster

"נסה לשעשע את עצמך בארמון שלך"
"try to amuse yourself in your palace"

"הכל כאן שלך"
"everything here is yours"

"ואני אהיה מאוד לא רגוע אם לא היית מאושר"
"and I would be very uneasy if you were not happy"

"אתה מאוד מחייב," ענה יופי
"You are very obliging," answered Beauty

"אני מודה שאני מרוצה מהאדיבות שלך"
"I admit I am pleased with your kindness"

"וכשאני מתחשב בטוב לבך, אני בקושי מבחין בעיוותיך"
"and when I consider your kindness, I hardly notice your deformities"

"כן, כן," אמרה החיה, "הלב שלי טוב
"Yes, yes," said the Beast, "my heart is good

"אבל למרות שאני טוב, אני עדיין מפלצת"
"but although I am good, I am still a monster"

"יש הרבה גברים שמגיע להם השם הזה יותר ממך"
"There are many men that deserve that name more than you"

"ואני מעדיף אותך בדיוק כפי שאתה"
"and I prefer you just as you are"

"ואני מעדיף אותך יותר מאשר אלה המסתירים לב כפוי טובה"
"and I prefer you more than those who hide an ungrateful heart"

"לו רק היה לי קצת שכל," ענתה החיה
"if only I had some sense," replied the Beast

"אם היה לי הגיון הייתי נותן מחמאה יפה להודות לך"
"if I had sense I would make a fine compliment to thank you"

"אבל אני כל כך משעמם"
"but I am so dull"

"אני רק יכול לומר שאני מאוד מחויב לך"
"I can only say I am greatly obliged to you"

היופי אכל ארוחת ערב דשנה
Beauty ate a hearty supper

והיא כמעט כבשה את אימתה מהמפלצת
and she had almost conquered her dread of the monster

אבל היא רצתה להתעלף כשהחיה שאלה אותה את השאלה הבאה

but she wanted to faint when the Beast asked her the next question

"יופי, האם תהיי אשתי?"

"Beauty, will you be my wife?"

לקח לה זמן עד שהספיקה לענות

she took some time before she could answer

כי היא פחדה לכעוס אותו

because she was afraid of making him angry

אבל לבסוף היא אמרה "לא, בהמה"

at last, however, she said "no, Beast"

מיד סיננה המפלצת המסכנה בצורה מפחידה מאוד

immediately the poor monster hissed very frightfully

וכל הארמון הדהד

and the whole palace echoed

אבל היופי התאושש במהרה מפחדה

but Beauty soon recovered from her fright

כי חיה דיברה שוב בקול עגום

because Beast spoke again in a mournful voice

"אז להתראות, יופי"

"then farewell, Beauty"

והוא רק הסתובב לאחור מדי פעם

and he only turned back now and then

להסתכל עליה כשהוא יצא

to look at her as he went out

עכשיו היופי שוב היה לבד

now Beauty was alone again

היא חשה מידה רבה של חמלה

she felt a great deal of compassion

"אוי ואבוי, זה אלף רחמים"

"Alas, it is a thousand pities"

"כל דבר כל כך טוב לא צריך להיות כל כך מכוער"

"anything so good natured should not be so ugly"

היופי בילה שלושה חודשים בסיפוק רב בארמון

Beauty spent three months very contentedly in the palace

כל ערב ביקרה אותה החיה

every evening the Beast paid her a visit

והם דיברו בסעודה
and they talked during supper
הם דיברו בהיגיון בריא
they talked with common sense
אבל הם לא דיברו עם מה שאנשים מכנים עדות
but they didn't talk with what people call wittiness
היופי תמיד גילה איזו דמות בעלת ערך בחיה
Beauty always discovered some valuable character in the Beast
והיא התרגלה לעיוות שלו
and she had gotten used to his deformity
היא לא חששה יותר מזמן הביקור שלו
she didn't dread the time of his visit anymore
כעת היא הסתכלה לעתים קרובות בשעון שלה
now she often looked at her watch
והיא לא יכלה לחכות שהשעה תהיה תשע
and she couldn't wait for it to be nine o'clock
כי החיה לא החמיצה לבוא באותה שעה
because the Beast never missed coming at that hour
היה רק דבר אחד שנגע ביופי
there was only one thing that concerned Beauty
כל ערב לפני שהיא הלכה לישון, החיה שאלה אותה את אותה שאלה
every night before she went to bed the Beast asked her the same question
המפלצת שאלה אותה אם היא תהיה אשתו
the monster asked her if she would be his wife
יום אחד היא אמרה לו, "בהמה, אתה מדאיג אותי מאוד"
one day she said to him, "Beast, you make me very uneasy"
"הלוואי שיכולתי להסכים להתחתן איתך"
"I wish I could consent to marry you"
"אבל אני כן מכדי לגרום לך להאמין שאתחתן איתך"
"but I am too sincere to make you believe I would marry you"
"הנישואים שלנו לעולם לא יקרו"
"our marriage will never happen"
"תמיד אראה אותך כחבר"
"I shall always see you as a friend"
"אנא נסה להיות מרוצה מזה"

"please try to be satisfied with this"
"אני חייב להיות מרוצה מזה," אמרה החיה
"I must be satisfied with this," said the Beast

"אני יודע את המזל שלי"
"I know my own misfortune"

"אבל אני אוהב אותך בחיבה העדינה ביותר"
"but I love you with the tenderest affection"

"עם זאת, אני צריך להחשיב את עצמי כמאושר"
"However, I ought to consider myself as happy"

"ואני צריך להיות שמח שאתה תישאר כאן"
"and I should be happy that you will stay here"

"תבטיח לי לעולם לא לעזוב אותי"
"promise me never to leave me"

היופי הסמיק למילים האלה
Beauty blushed at these words

יום אחד היופי הסתכלה במראה שלה
one day Beauty was looking in her mirror

אביה דאג שהוא חולה בשבילה
her father had worried himself sick for her

היא השתוקקה לראות אותו שוב יותר מתמיד
she longed to see him again more than ever

"יכולתי להבטיח לעולם לא לעזוב אותך לגמרי"
"I could promise never to leave you entirely"

"אבל יש לי כל כך רצון לראות את אבי"
"but I have so great a desire to see my father"

"אני אהיה מוטרד אם תגיד לא"
"I would be impossibly upset if you say no"

"הייתי מעדיפה למות בעצמי," אמרה המפלצת
"I had rather die myself," said the monster

"אני מעדיף למות מאשר לגרום לך להרגיש אי שקט"
"I would rather die than make you feel uneasiness"

"אני אשלח אותך לאביך"
"I will send you to your father"

"אתה תישאר איתו"
"you shall remain with him"

"והחיה האומללה הזו תמות בצער במקום"

"and this unfortunate Beast will die with grief instead"

"לא," אמרה יפהפייה ובוכה
"No," said Beauty, weeping

"אני אוהב אותך יותר מדי מכדי להיות הגורם למוות שלך"
"I love you too much to be the cause of your death"

"אני נותן לך את ההבטחה שלי לחזור בעוד שבוע"
"I give you my promise to return in a week"

"הראית לי שהאחיות שלי נשואות"
"You have shown me that my sisters are married"

"והאחים שלי הלכו לצבא"
"and my brothers have gone to the army"

"תן לי להישאר שבוע עם אבי, כי הוא לבד"
"let me stay a week with my father, as he is alone"

"אתה תהיה שם מחר בבוקר," אמרה החיה
"You shall be there tomorrow morning," said the Beast

"אבל זכור את ההבטחה שלך"
"but remember your promise"

"אתה צריך רק להניח את הטבעת שלך על שולחן לפני שאתה הולך לישון"
"You need only lay your ring on a table before you go to bed"

"ואז יחזירו אותך לפני הבוקר"
"and then you will be brought back before the morning"

"פרידה יפהפייה יקרה," נאנחה החיה
"Farewell dear Beauty," sighed the Beast

היופי הלך לישון עצוב מאוד באותו לילה
Beauty went to bed very sad that night

כי היא לא רצתה לראות את החיה מודאגת כל כך
because she didn't want to see Beast so worried

למחרת בבוקר היא מצאה את עצמה בבית אביה
the next morning she found herself at her father's home

היא צלצלה בפעמון קטן ליד מיטתה
she rung a little bell by her bedside

והעוזרת צעקה בקול רם
and the maid gave a loud shriek

ואביה רץ למעלה
and her father ran upstairs

הוא חשב שהוא עומד למות משמחה

he thought he was going to die with joy
הוא החזיק אותה בזרועותיו במשך רבע שעה
he held her in his arms for quarter of an hour
בסופו של דבר הסתיימו הברכות הראשונות
eventually the first greetings were over
היופי התחיל לחשוב על לקום מהמיטה
Beauty began to think of getting out of bed
אבל היא הבינה שהיא לא הביאה בגדים
but she realized she had brought no clothes
אבל המשרתת אמרה לה שמצאה קופסה
but the maid told her she had found a box
תא המטען הגדול היה מלא בשמלות ושמלות
the large trunk was full of gowns and dresses
כל שמלה הייתה מכוסה בזהב ויהלומים
each gown was covered with gold and diamonds
היופי הודה לחיות על הטיפול האדיב שלו
Beauty thanked Beast for his kind care
והיא לקחה את אחת השמלות הפשוטות ביותר
and she took one of the plainest of the dresses
היא התכוונה לתת את השמלות האחרות לאחיותיה
she intended to give the other dresses to her sisters
אבל באותו מחשבה נעלמה שידת הבגדים
but at that thought the chest of clothes disappeared
החיה התעקשה שהבגדים מיועדים לה בלבד
Beast had insisted the clothes were for her only
אביה אמר לה שזה המצב
her father told her that this was the case
ומיד חזר שוב תא הבגדים
and immediately the trunk of clothes came back again
היפהפייה התלבשה בבגדיה החדשים
Beauty dressed herself with her new clothes
ובינתיים הלכו משרתות למצוא את אחיותיה
and in the meantime maids went to find her sisters
שתי אחותה היו עם בעליהם
both her sister were with their husbands
אבל שתי אחיותיה היו מאוד אומללות
but both her sisters were very unhappy
אחותה הבכורה התחתנה עם ג'נטלמן נאה מאוד
her eldest sister had married a very handsome gentleman

אבל הוא כל כך אהב את עצמו שהוא הזניח את אשתו
but he was so fond of himself that he neglected his wife
אחותה השנייה התחתנה עם גבר שנון
her second sister had married a witty man
אבל הוא השתמש בעדינותו כדי לייסר אנשים
but he used his wittiness to torment people
והוא ייסר את אשתו יותר מכל
and he tormented his wife most of all
האחיות של היופי ראו אותה לבושה כמו נסיכה
Beauty's sisters saw her dressed like a princess
והם חלו בקנאה
and they were sickened with envy
עכשיו היא הייתה יפה מתמיד
now she was more beautiful than ever
התנהגותה החיבה לא יכלה לחנוק את קנאתם
her affectionate behaviour could not stifle their jealousy
היא סיפרה להם כמה היא שמחה עם החיה
she told them how happy she was with the Beast
וקנאתם הייתה מוכנה להתפוצץ
and their jealousy was ready to burst
הם ירדו לגן לבכות על המזל שלהם
They went down into the garden to cry about their misfortune
"באיזה אופן היצור הקטן הזה טוב מאיתנו?"
"In what way is this little creature better than us?"
"למה היא צריכה להיות כל כך הרבה יותר שמחה?"
"Why should she be so much happier?"
"אחותי," אמרה האחות הגדולה
"Sister," said the older sister
"מחשבה בדיוק עלתה במוחי"
"a thought just struck my mind"
"בוא ננסה להשאיר אותה כאן יותר משבוע"
"let us try to keep her here for more than a week"
"אולי זה יכעיס את המפלצת המטופשת"
"perhaps this will enrage the silly monster"
"כי היא הייתה שוברת את המילה שלה"
"because she would have broken her word"
"ואז הוא עלול לטרוף אותה"

"and then he might devour her"

"זה רעיון מצוין," ענתה האחות השנייה

"that's a great idea," answered the other sister

"אנחנו חייבים להראות לה כמה שיותר טוב לב"

"we must show her as much kindness as possible"

האחיות החליטו על כך

the sisters made this their resolution

והם התנהגו בחיבה רבה לאחותם

and they behaved very affectionately to their sister

היופי המסכן בכה משמחה מכל טוב לבם

poor Beauty wept for joy from all their kindness

כשהשבוע תם, הם בכו וקרעו את שיערם

when the week was expired, they cried and tore their hair

הם נראו כל כך מצטערים להיפרד ממנה

they seemed so sorry to part with her

והיופי הבטיח להישאר שבוע יותר

and Beauty promised to stay a week longer

בינתיים, היופי לא יכלה שלא להרהר בעצמה

In the meantime, Beauty could not help reflecting on herself

היא דאגה מה היא עושה לחיה המסכנה

she worried what she was doing to poor Beast

היא יודעת שהיא אהבה אותו בכנות

she know that she sincerely loved him

והיא באמת השתוקקה לראות אותו שוב

and she really longed to see him again

גם את הלילה העשירי שהיא בילתה אצל אביה

the tenth night she spent at her father's too

היא חלמה שהיא בגן הארמון

she dreamed she was in the palace garden

והיא חלמה שראתה את החיה מורחבת על הדשא

and she dreamt she saw the Beast extended on the grass

הוא כאילו נזף בה בקול גוסס

he seemed to reproach her in a dying voice

והוא האשים אותה בחוסר תודה

and he accused her of ingratitude

היופי התעוררה משנתה

Beauty woke up from her sleep

והיא פרצה בבכי

and she burst into tears

"האם אני לא מאוד רשע?"
"Am I not very wicked?"

"האם זה לא היה אכזרי מצידי להתנהג בצורה כל כך לא טובה כלפי החיה?"
"Was it not cruel of me to act so unkindly to the Beast?"

"בהמה עשתה הכל כדי לרצות אותי"
"Beast did everything to please me"

"האם זו אשמתו שהוא כל כך מכוער?"
"Is it his fault that he is so ugly?"

"האם זו אשמתו שיש לו כל כך מעט שנינות?"
"Is it his fault that he has so little wit?"

"הוא אדיב וטוב, וזה מספיק"
"He is kind and good, and that is sufficient"

"למה סירבתי להתחתן איתו?"
"Why did I refuse to marry him?"

"אני צריך להיות שמח עם המפלצת"
"I should be happy with the monster"

"תסתכל על הבעלים של האחיות שלי"
"look at the husbands of my sisters"

"לא עדות, ולא ישות נאה עושה אותם טובים"
"neither wittiness, nor a being handsome makes them good"

"אף אחד מהבעלים שלהם לא משמח אותם"
"neither of their husbands makes them happy"

"אבל סגולה, מתיקות מזג וסבלנות"
"but virtue, sweetness of temper, and patience"

"הדברים האלה עושים אישה מאושרת"
"these things make a woman happy"

"ולחיה יש את כל התכונות החשובות האלה"
"and the Beast has all these valuable qualities"

"זה נכון; אני לא מרגיש את העדינות של החיבה אליו"
"it is true; I do not feel the tenderness of affection for him"

"אבל אני מוצא שיש לי את הכרת הטוב הגבוהה ביותר עבורו"
"but I find I have the highest gratitude for him"

"ואני מעריך אותו הכי גבוה"
"and I have the highest esteem of him"

"והוא החבר הכי טוב שלי"
"and he is my best friend"

"אני לא אעשה אותו אומלל"
"I will not make him miserable"

"אם הייתי כל כך כפוי טובה, לעולם לא הייתי סולח לעצמי"
"If were I to be so ungrateful I would never forgive myself"

היופי הניחה את הטבעת שלה על השולחן
Beauty put her ring on the table

והיא שוב הלכה לישון
and she went to bed again

מעט היא הייתה במיטה לפני שנרדמה
scarce was she in bed before she fell asleep

היא התעוררה שוב למחרת בבוקר
she woke up again the next morning

והיא שמחה מאוד למצוא את עצמה בארמון החיה
and she was overjoyed to find herself in the Beast's palace

היא לבשה את אחת השמלות הכי יפות שלה כדי לרצות אותו
she put on one of her nicest dress to please him

והיא חיכתה בסבלנות לערב
and she patiently waited for evening

הגיעה השעה המיוחלת
at last the wished-for hour came

השעון צלצל בתשע, ובכל זאת שום חיה לא הופיעה
the clock struck nine, yet no Beast appeared

היופי חשש אז שהיא הייתה הסיבה למותו
Beauty then feared she had been the cause of his death

היא רצה בוכה מסביב לארמון
she ran crying all around the palace

לאחר שחיפשה אותו בכל מקום, היא נזכרה בחלומה
after having sought for him everywhere, she remembered her dream

והיא רצה אל התעלה שבגן
and she ran to the canal in the garden

שם היא מצאה חיה מסכנה פרושה
there she found poor Beast stretched out

והיא הייתה בטוחה שהיא הרגה אותו
and she was sure she had killed him

היא השליכה את עצמה עליו ללא כל פחד

she threw herself upon him without any dread

הלב שלו עדיין הלם

his heart was still beating

היא הביאה מעט מים מהתעלה

she fetched some water from the canal

והיא שפכה את המים על ראשו

and she poured the water on his head

החיה פקחה את עיניו ודיברה אל היופי

the Beast opened his eyes and spoke to Beauty

"שכחת את ההבטחה שלך"

"You forgot your promise"

"כל כך נשבר לי הלב שאיבדתי אותך"

"I was so heartbroken to have lost you"

"החלטתי להרעיב את עצמי"

"I resolved to starve myself"

"אבל יש לי את האושר לראות אותך פעם נוספת"

"but I have the happiness of seeing you once more"

"אז יש לי את העונג למות מרוצה"

"so I have the pleasure of dying satisfied"

"לא, חיה יקרה," אמרה יפהפיה, "אסור לך למות"

"No, dear Beast," said Beauty, "you must not die"

"חי להיות בעלי"

"Live to be my husband"

"מהרגע הזה אני נותן לך את ידי"

"from this moment I give you my hand"

"ואני נשבע שלא אהיה מלבדך"

"and I swear to be none but yours"

"אוי ואבוי! חשבתי שיש לי רק ידידות בשבילך"

"Alas! I thought I had only a friendship for you"

"אבל הצער שאני חש כעת משכנע אותי;"

"but the grief I now feel convinces me;"

"אני לא יכול לחיות בלעדיך"

"I cannot live without you"

יופי כמעט לא אמרה את המילים האלה כשראתה אור

Beauty scarce had said these words when she saw a light

הארמון נוצץ באור

the palace sparkled with light

זיקוקים האירו את השמים

fireworks lit up the sky

והאוויר התמלא במוזיקה

and the air filled with music

הכל הודיע על איזה אירוע גדול

everything gave notice of some great event

אבל שום דבר לא הצליח לעצור את תשומת לבה

but nothing could hold her attention

היא פנתה אל החיה היקרה שלה

she turned to her dear Beast

החיה שבשבילה רעדה מפחד

the Beast for whom she trembled with fear

אבל ההפתעה שלה הייתה גדולה ממה שהיא ראתה!

but her surprise was great at what she saw!

החיה נעלמה

the Beast had disappeared

במקום זאת היא ראתה את הנסיך היפה ביותר

instead she saw the loveliest prince

היא שמה קץ ללחש

she had put an end to the spell

כישוף שבו הוא דומה לבהמה

a spell under which he resembled a Beast

הנסיך הזה היה ראוי לכל תשומת לבה

this prince was worthy of all her attention

אבל היא לא יכלה שלא לשאול איפה החיה

but she could not help but ask where the Beast was

"אתה רואה אותו לרגליך," אמר הנסיך

"You see him at your feet," said the prince

"פיה מרושעת גינתה אותי"

"A wicked fairy had condemned me"

"הייתי צריך להישאר במצב הזה עד שנסיכה יפה הסכימה להתחתן איתי"

"I was to remain in that shape until a beautiful princess agreed to marry me"

"הפיה הסתירה את ההבנה שלי"

"the fairy hid my understanding"

"היית היחיד הנדיב מספיק כדי להיות מוקסם מטוב המזג שלי"

"you were the only one generous enough to be charmed by the goodness of my temper"

היופי הופתע בשמחה

Beauty was happily surprised

והיא נתנה לנסיך המקסים את ידה

and she gave the charming prince her hand

הם נכנסו יחד לטירה

they went together into the castle

והיופי שמח מאוד למצוא את אביה בטירה

and Beauty was overjoyed to find her father in the castle

וכל המשפחה שלה גם הייתה שם

and her whole family were there too

אפילו הגברת היפה שהופיעה בחלומה הייתה שם

even the beautiful lady that appeared in her dream was there

"יופי," אמרה הגברת מהחלום

"Beauty," said the lady from the dream

"בוא וקבל את הפרס שלך"

"come and receive your reward"

"העדפת מעלה על שנינות או מראה"

"you have preferred virtue over wit or looks"

"ומגיע לך מישהו שהתכונות הללו מאוחדות בו"

"and you deserve someone in whom these qualities are united"

"את הולכת להיות מלכה גדולה"

"you are going to be a great queen"

"אני מקווה שהכס לא יפחית את מעלתך"

"I hope the throne will not lessen your virtue"

ואז פנתה הפיה לשתי האחיות

then the fairy turned to the two sisters

"ראיתי בתוך לבבך"

"I have seen inside your hearts"

"ואני יודע את כל הזדון שהלב שלך מכיל"

"and I know all the malice your hearts contain"

"שניכם תהפכו לפסלים"

"you two will become statues"

"אבל אתה תשמור על דעתך"

"but you will keep your minds"

"תעמוד בשערי ארמון אחותך"

"you shall stand at the gates of your sister's palace"

"האושר של אחותך יהיה העונש שלך"

"your sister's happiness shall be your punishment"

"לא תוכל לחזור למדינותיך לשעבר"

"you won't be able to return to your former states"

"אלא אם כן, שניכם מודים בטעויותיכם"

"unless, you both admit your faults"

"אבל אני צופה שתמיד תישארו פסלים"

"but I am foresee that you will always remain statues"

"גאווה, כעס, גרגרנות ובטלה נכבשים לפעמים"

"pride, anger, gluttony, and idleness are sometimes conquered"

" אבל ההמרה של מוחות קנאים וזדוניים הם ניסים"

"but the conversion of envious and malicious minds are miracles"

מיד הפיה נתנה שבץ עם השרביט שלה

immediately the fairy gave a stroke with her wand

ותוך רגע הועברו כל שהיו באולם

and in a moment all that were in the hall were transported

הם נכנסו למחוזותיו של הנסיך

they had gone into the prince's dominions

נתיניו של הנסיך קיבלו אותו בשמחה

the prince's subjects received him with joy

הכומר התחתן עם היפה והחיה

the priest married Beauty and the Beast

והוא חי איתה שנים רבות

and he lived with her many years

ואושרם היה שלם

and their happiness was complete

כי האושר שלהם הושתת על סגולה

because their happiness was founded on virtue

הסוף

The End

www.tranzlaty.com

www.ingramcontent.com/pod-product-compliance
Lightning Source LLC
Chambersburg PA
CBHW012014090526
44590CB00026B/3998

* 9 7 8 1 8 3 5 6 6 9 9 8 3 *